LA
FÊTE DU PATRONAGE DE SAINT-JOSEPH
7 Mai 1876.

DISCOURS

PRONONCÉ PAR

M. Edouard Pommier,

AVOCAT A LA COUR DE DIJON.

CITEAUX

1876

LA JOURNÉE DU 7 MAI A CÎTEAUX.

(EXTRAIT DU JOURNAL *La Côte-d'Or.*)

————

Le 7 mai, la Colonie de Cîteaux célébrait sa fête annuelle, le Patronage de Saint-Joseph.

On sait que l'Institut religieux de Saint-Joseph, fondé à Oullins, près Lyon, par le vénérable abbé Rey, en 1835, pour l'éducation des enfants du peuple les plus abandonnés et les plus vicieux, a été installé en 1846 dans l'ancienne abbaye de Cîteaux. La Colonie d'Oullins fut conservée; un autre établissement prit naissance à Saint-Genest-Lerpt, près Saint-Étienne; mais Cîteaux devint la maison-mère; c'est là que réside le Supérieur général et que se trouve le noviciat des Pères, des Frères et des Sœurs de la Congrégation de Saint-Joseph.

Tous ces établissements sont en pleine prospérité, le personnel des maîtres et des élèves augmente chaque jour; ainsi, la Colonie de Cîteaux qui comptait 450 élèves environ il y a cinq ans, en a aujourd'hui 930. L'instruction primaire et professionnelle, et l'éducation morale et religieuse qu'y reçoivent les enfants ont produit ce résultat, que les jeunes gens qui sortent de la Colonie sont immédiatement placés chez des maîtres et des patrons empressés à les accueillir. L'administration de Cîteaux peut à peine satisfaire au tiers des offres d'emplois qui lui sont faites.

Non-seulement la maison s'occupe de placer les jeunes gens à leur sortie, mais elle continue à veiller à leurs intérêts; elle les aide, elle les protége, en un mot, elle reste leur providence et comme leur foyer commun. Nous avons entendu d'anciens élèves, sortis depuis longtemps, dire encore *chez nous* en parlant de Cîteaux. Aussi l'intérêt qui s'attache à cette belle Colonie est-il devenu universel. Toutes les provinces de France ont là des représentants; les recrues et les pensionnaires lui viennent du Nord, du Midi, de l'Est, de l'Ouest, du Centre. Sous l'influence de la Société de Patronage établie à Dijon depuis deux ans, le département de la Côte-d'Or est celui qui profite le plus largement des bienfaits de la Colonie.

Les nombreuses adhésions nouvelles qui ont lieu chaque jour prouvent que certains préjugés, répandus d'abord contre l'éducation coloniale de Cîteaux s'effacent. A voir ces enfants et ces jeunes gens si intelligemment dirigés, si paternellement conduits, si habilement inclinés vers le bien par l'irrésistible ascendant du dévouement, de l'affection et de l'exemple; à les voir se livrer à leurs travaux, s'ébattre dans leurs jeux, passer d'un exercice à l'autre sans contrainte, et avec un ensemble spontané, on emporte cette idée que la Colonie est moins une maison de correction qu'une école où les méthodes ne sont pas déplacés.

Cette impression est bien celle des visiteurs qui se trouvèrent à la fête de Cîteaux.

La messe solennelle fut chantée à neuf heures et demie. On sait que les cérémonies religieuses sont célébrées dans l'église de la Colonie avec une pompe digne de nos cathédrales. Le chœur et la nef avaient conservé les tentures et les fleurs disposées le dimanche précédent pour recevoir Mgr. l'Évêque. Sa Grandeur commence habituellement par Cîteaux sa tournée pastorale. Cette année le nombre des confirmants de Cîteaux fut de 300, et ce jour-là six cents enfants reçurent la communion des mains de Monseigneur.

Les chants liturgiques sont exécutés avec accompagnement d'orgue, par ces mille voix d'enfants, avec une vigueur, un ensemble, une justesse admirables, et qui impressionnent fortement les étrangers.

Après la messe on se répandit dans les cours, les jardins, les nombreux corridors de l'ancienne abbaye jusqu'à midi, heure du déjeuner.

A deux heures, vêpres solennelles, où l'excellente musique militaire de la Colonie exécuta de nombreux morceaux parfaitement choisis pour la circonstance.

A l'issue des vêpres, M. l'abbé Du Clot, aumônier du Cercle catholique des Jeunes-Amis de Lyon, a commenté, en les appliquant à Saint-Joseph, ces paroles de l'Écriture sainte: « *Quæsi-*
« *vit sibi Dominus virum praeparatum in cor suum.* Le Seigneur s'est pré-
« paré un homme selon son cœur. »

L'éloquent orateur a montré Saint-Joseph comme l'homme de cœur, l'homme de foi, l'homme du devoir, placé au seuil des deux testaments, pour affirmer par son exemple les leçons et la doctrine du Sauveur Jésus-Christ.

Après avoir fait sur chacune de ces pensées des réflexions applicables à son auditoire, M. l'abbé Du Clot, s'est écrié: « Le
« devoir! Il fait bon en parler, en face du divin Crucifié qui
« est mort sur la croix pour remplir un devoir... le devoir de
« l'amour !... Il fait bon en parler en face du cœur du fonda-
« teur de l'Œuvre de Saint-Joseph, qui fut toujours un hom-

« me de cœur, un homme de foi, un homme de devoir ! Le
« devoir, vous le connaissez et vous l'accomp'issez, quelque ru-
« de et pénible qu'il soit; vous l'accomplissez, j'ose dire, avec
« passion, à l'exemple et au souvenir de votre fondateur et
« père, vous, Prêtres, Frères et Sœurs de Saint-Joseph.

« Le devoir ! Je suis heureux d'en parler devant vous, Mes-
« sieurs, qui avez fondé à Dijon cette Société de Patronage
« apportant son concours zélé à l'Œuvre de Saint-Joseph;
« vous qui employez à l'accomplissement d'un devoir de cha-
« rité et d'apaisement social le talent de bien dire, les res-
« sources, la notoriété et l'influence que Dieu vous a donnés.

« Le devoir ! Ce matin, en traversant les plaines de Nuits,
« il m'a semblé le voir écrit en lettres de sang près de ce mo-
« nument élevé à mes frères, à mes amis, à mes compatriotes
« des légions du Rhône.... Et ce sang m'a rappelé le sang qu'ail-
« leurs d'autres jeunes hommes ont versé, saintement héroï-
« ques et noblement chrétiens, pour la défense de l'Eg'ise et
« de la France; et, en saluant ces g'orieux souvenirs, je me suis
« dit, et je veux vous le répéter ici: Qu'il est beau le devoir
« du soldat chrétien, qui porte l'épée en adorant la croix, et
« meurt *pour Dieu, pour la patrie!*

« Tous ici, quel que soit notre rôle et notre mission dans
« le monde, soyons toujours des hommes de devoir. »

L'Orateur a terminé par une allusion gracieuse à la belle fête
qui couronne les moissons, à Cîteaux, et faisant revivre le souvenir de l'abbé Rey, il s'est écrié:

« Vénéré et saint fondateur de l'Œuvre de Saint-Joseph,
« là-haut, dans les greniers célestes, comme le bon père de fa-
« mille, vous êtes heureux de voir rentrer les gerbes de votre
« moisson. Lorsque ce sera l'heure, lorsque la moisson entière
« sera rentrée.... vous compterez avec bonheur vos gerbes....
« Puissiez-vous vous assurer alors qu'il n'en manque pas une !!! »

Après les vêpres, toute la Colonie, musique, tambours et
clairons en tête, et drapeaux déployés, défila dans la grande ave-
nue, se rendant à la salle des récompenses, qui sert aussi de salle
de théâtre, pièce immense où bientôt près de 1500 personnes se
trouvèrent réunies. Les nombreux invités, dames et messieurs,
prennent place sur l'estrade en avant de laquelle vient s'asseoir
M. l'abbé Donat, Supérieur général de la Congrégation de Saint-
Joseph, ayant à sa droite M. Lombart, Président du comité de
Patronage.

La séance fut ouverte par une allocution adressée à la com-
munauté par M. Edouard Pommier, avocat près la Cour de Dijon.

L'orateur, recherchant le caractère de l'éducation donnée
dans la Colonie, montra que, soit au point de vue matériel, soit

au point de vue moral, cette éducation préparait admirablemen
la jeunesse aux luttes et aux nécessités actuelles de la vie sociale

La parole vive et sympathique de l'éloquent orateur fut é
coutée avec une religieuse attention et saluée par les applaudis
sement de son jeune auditoire.

Après avoir remercié M. Pommier en son nom et au nom d
la Colonie , M. le Supérieur général expliqua que la distribution de
récompenses pour la bonne conduite ayant été faite antérieure
ment, on n'aurait aujourd'hui qu'à faire l'appel des lauréats d
travail, de l'école militaire et de l'école de musique.

Déjà l'année dernière, par une heureuse innovation, o
avait créé une catégorie de premiers ouvriers, mais aucun sign
extérieur ne les distinguait de leurs camarades. L'expérience
démontré qu'une marque apparente était un mobile puissant d'é
mulation et d'encouragement, et on a décidé cette année que le
premiers ouvriers, outre leur brevet, porteraient une décoratio
consistant en un nœud de ruban moiré et multicolore, appliqu
sur le vêtement des dimanches et fêtes.

Lorsqu'à l'appel de leur nom les élèves venaient recevoi
cette décoration sur la poitrine, on les voyait retourner à leu
place le visage fier et heureux.

A la fin de la séance, M. Lombart prit la parole pour témoi
gner à ces jeunes gens la satisfaction et le plaisir que leurs pro
grès, leur bonne tenue et leur excellent esprit ont causé à tou
et en particulier aux membres du comité de Patronage. Il eu
quelques mots gracieux et encourageants pour les musiciens qui
pendant les différents exercices de la journée, ont exécuté ave
une habileté rare chez des artistes de leur âge, des symphonie
écrites par les grands maîtres et dont les connaisseurs seuls sa
vent apprécier les difficultés. « Donc, mes jeunes amis, a dit e
terminant M. le Président du comité de Patronage, persévére
dans vos bonnes dispositions, et l'année prochaine nous revien
drons encore applaudir à vos succès. »

A ces derniers mots, les applaudissements partent de tou
les points de la salle, avec une spontanéité qui témoignait de l
reconnaissance de ces enfants pour ceux qui les affectionnent e
qui s'occupent de leurs intérêts.

A cinq heures on assista, suivant l'usage, aux exercices mili
taires et gymnastiques dans la cour de la 1re division.

L'école militaire reste à la hauteur de la réputation qu'ell
s'est faite depuis longtemps. Il y a là une pépinière de soldat
de premier ordre et d'officiers de mérite. Le gymnase, magnifi
quement établi, est une des curiosités de la Colonie, et permet
d'apprécier la souplesse, la force et l'agilité des jeunes colons.

On n'oublie pas que nous sommes au mois de mai. Avant
le dîner toute la Colonie se rend dans la cour de la deuxième di-

vision pour adresser son salut à Marie, dont la statue vénérée est adossée au centre. Pères, Frères, élèves, étrangers, tous sont là debout, découverts. M. l'abbé Du Clot, inspiré par ce spectacle attendrissant, montant sur une estrade aux pieds de la statue, prononça d'une voix vibrante une de ces improvisations entraînantes et chaleureuses qui s'échappent avec tant d'ardeur et d'éloquence de son cœur d'apôtre. L'émotion était au comble et faisait jaillir les larmes. Les enfants chantèrent une strophe à Marie, et les dernières notes étaient à peine achevées, qu'on entendit le cri de commandement des adjudants: En avant marche! Et toute la colonne s'ébranlait pour se rendre dans les réfectoires au son des clairons et des tambours.

La journée s'est terminée fort avant dans la nuit par une comédie jouée dans la salle de spectacle par les élèves.

A notre tour, au nom de tous les visiteurs, nous remercions les maîtres et les élèves de Cîteaux de la journée si remplie d'émotions salutaires que nous venons de passer dans la Colonie, et nous répèterons après le Président du comité de Patronage: « Nos jeunes amis, à l'année prochaine.»

DISCOURS

DE M. EDOUARD POMMIER,

AVOCAT A LA COUR DE DIJON.

Mes enfants,

Invité par le P. Supérieur général à vous adresser la parole, je me suis rappelé un passage qui m'a frappé, d'une notice récemment publiée sur l'Œuvre de Saint-Joseph, œuvre fondée uniquement en vue de votre éducation religieuse, morale et professionnelle. Ce passage, vous le connaissez sans doute; mais je veux vous le redire et arrêter un instant votre attention sur les considérations qu'il renferme. Il est ainsi conçu:

« La Congrégation de Saint-Joseph fait un pressant appel à toutes les âmes généreuses, avides de sacrifices pour le bien de leurs frères. Elle leur montre ces milliers d'enfants engagés dans la voie de perdition; elle leur dit: Voilà le peuple français de l'avenir; il sera ce que vous l'aurez fait, chrétien ou impie, soumis aux lois ou révolutionnaire. Ces enfants, bientôt devenus hommes, fréquenteront l'église ou le cabaret, vivront de leur travail ou de la rapine, seront l'ornement du foyer domestique ou les habitués des clubs, défendront la patrie ou incendieront les monuments publics. Aujourd'hui vous pouvez prendre ce petit peuple, l'élever, le faire chrétien, dévoué à la conservation sociale. Demain il sera trop tard, il vous échappera, séduit par les doctrines de l'incrédulité. C'est donc une question des plus grav...

qui s'élabore ici dans l'humble et silencieux travail de ces modestes établissements d'éducation populaire. Réfléchissez à ce grand péril social et venez en aide à qui veut le combattre. Oui, âmes dévouées qui aimez Dieu et voulez servir le prochain, venez travailler à une œuvre chrétienne et patriotique tout ensemble, dont les résultats religieux et sociaux peuvent devenir immenses. »

Voilà résumés en quelques lignes le but et la portée de cette Œuvre admirable de Saint-Joseph, à laquelle est échue la tâche si belle et si redoutable de préparer votre avenir, c'est-à-dire l'avenir même de la patrie.

Il y a trois ans, à pareil jour, je vous rappelais sommairement la merveilleuse histoire de Cîteaux, qui se partageait, avec sa sœur de Cluny, l'œuvre civilisatrice des siècles passés. Là se formaient, dans l'austérité volontaire du cloître et dans la contemplation sereine et lumineuse de la vérité, ces philosophes et ces orateurs dont les écrits et les discours sont encore aujourd'hui des modèles de science et d'éloquence; ces hommes d'État qui dirigeaient les affaires des peuples de l'Europe; ces artistes qui couvraient notre vieux monde de ces monuments que le génie moderne étudie, restaure et copie, ne pouvant aller au-delà; et à côté de ces hommes d'élite, vivant sous le même toit et obéissant à la même règle, des religieux agriculteurs, vignerons, grands défricheurs de terres, artisans de toute sorte, bâtissant des usines, aménageant les cours d'eau, experts dans la pratique de la science hydraulique, comme nos ingénieurs contemporains.

C'est ainsi que, par ses vertus et ses travaux, Cîteaux préparait à la France cet avenir où elle apparut la plus grande des nations par le caractère et par les œuvres.

La Colonie actuelle continue la mission régénératrice si brillamment poursuivie par son aînée. Elle la continue dans des proportions plus modestes et dans un autre ordre d'activité, mais l'effort est le même et les résultats à conquérir de nature semblable.

Le problème social d'aujourd'hui n'est-il pas celui d'alors? Ne s'agit-il pas toujours de vaincre l'erreur, d'éclairer l'ignorance, d'opposer la vertu à la licence, en un mot, de faire pénétrer partout la bienfaisante influence de la civilisation chrétienne, et de forcer le mal à reculer devant le bien?

La tâche était rude alors, n'est-elle pas plus rude aujourd'hui?

Considérée dans leurs causes secrètes et dans leurs manifestations apparentes, les évènements sociaux dont nous sommes témoins depuis quelque temps en France ne justifient-ils pas ce passage de la notice que je citais tout à l'heure: « Chrétiens ou impies, soumis aux lois ou révolutionnaires, fréquentant l'église sinon le cabaret, vivant de leur travail ou demandant à la rapine leurs moyens d'existence, l'ornement du foyer domestique ou les habitués des clubs, défenseurs de la patrie ou incendiaires de ses monuments. » Voilà bien les deux camps ennemis qui se disputent presqu'à force égale l'empire de la société, et en font un champ de bataille où succombe fatalement celui qui n'est pas solidement armé pour la lutte.

Le rôle de spectateur timide ou indifférent n'est plus possible; en entrant dans la société, nous sommes forcément enrôlés dans l'une ou l'autre armée. A nous de choisir, et, notre choix fait, de nous comporter en vaillants soldats.

Votre choix, mes jeunes amis, n'est pas douteux: vous savez où est la vérité, vous savez où est l'ordre, la probité, l'honneur. C'est déjà, au milieu de la confusion des principes et de l'obscurcissement des consciences, c'est déjà un grand bonheur de voir clairement où est le bien, lorsque tant d'autres, moins privilégiés, se perdent par l'entraînement des mauvaises doctrines et des exemples pires encore.

Je m'adresse à vous tous, mais surtout aux grands, à ceux qui bientôt vont quitter cet asile pour venir au milieu de nous prendre leur part de la lutte, et voici le conseil que je leur donne: En sortant de Cîteaux, vous emportez avec vous un capital, un trésor où vous pouvez toujours puiser sans jamais le tarir, *c'est votre état;* vous êtes jardinier, mécanicien, laboureur, charpentier, maçon, cordonnier, menuisier, etc. Mais ce n'est pas précisément pour cette fin que l'Institut de Saint-Joseph à été fondé, et que vous-mêmes avez été placés dans la Colonie. Un état, mais cela peut s'apprendre partout, moins bien peut-être, mais tout aussi facilement qu'à Cîteaux. Si les efforts de vos maîtres, si vos efforts personnels n'avaient d'autre objet qu'un métier à enseigner, à apprendre, ni vous ni eux ne seriez ici. Vous sentez vous-mêmes que leur mission est plus importante, et qu'en entrant à Cîteaux, vous prenez place avant tout dans une grande école de réhabilitation et de régénération morale; vous sentez qu'au-dessus de l'artisan, il y a l'homme honnête, le chrétien, le citoyen qu'il s'agit de former pour son propre bien et pour le bien et la défense de la société.

Cet état que vous apprenez ici et que j'appelle un capital, un trésor où s'alimentera votre existence matérielle, vous ne l'assurerez qu'en le plaçant sous la sauvegarde d'une vie d'ordre, de travail, de fidélité aux commandements de Dieu et de soumission à vos supérieurs légitimes. Prenez garde à cette illusion qui vous ferait croire qu'il suffit d'être habile dans son métier pour suivre son droit chemin. Combien d'ouvriers habiles ne voyons-nous pas entraînés dans la misère, eux et leurs familles, et mettant quelquefois leur habileté même au service de ces effroyables partis qui couvrent périodiquement notre chère patrie de ruines et de deuil? Non, l'habileté ne suffit pas si elle n'est pas protégée par la moralité.

Or les habitudes morales que vous contractez à

Cîteaux, sont aussi un capital, un trésor plus précieux que l'autre et par là même plus exposé. A peine rentrés dans la société, vous sentirez tout autour de vous des efforts habiles, multipliés, violents, pour vous l'arracher. Ce sera pour vous le commencement de la lutte à laquelle je faisais allusion. Résistez vigoureusement, ne vous laissez pas entamer et surtout ne *restez pas isolés*. Nos ennemis sont tous organisés en masse; vouloir leur tenir tête seul, ce serait de la présomption; de même que le soldat sur le champ de bataille s'unit à des camarades pour former le carré, cherchez de suite un ou plusieurs amis, vertueux comme vous voulez l'être, décidés comme vous à défendre leurs principes; entre vous, formez le carré et faites front à l'attaque. Alors, non-seulement on ne vous entamera pas, mais la fermeté de votre attitude imposera à vos adversaires le respect pour vos personnes et pour vos convictions.

J'insiste sur cette pensée que je voudrais voir profondément gravée dans votre mémoire et dans vos résolutions: NE RESTEZ PAS DANS L'ISOLEMENT. Lorsque vous arriverez quelque part pour vous y établir, définitivement ou temporairement, peu importe, étudiez de suite l'esprit, les mœurs, le caractère, la conduite des personnes au milieu desquelles vous allez vivre. L'éducation que vous avez reçue ici vous permettra de discerner facilement les bons des mauvais. Au début de vos relations ayez beaucoup de prudence pour ne pas vous engager témérairement dans des liaisons dangereuses, et de fermeté pour repousser les avances de ceux dont vous voyez bien que les principes et la conduite sont en désaccord avec les vôtres. Un auteur païen a dit cette belle parole: Un ami véritable est un bienfait des dieux. Cet ami véritable, cherchez-le, vous le trouverez.

Il y a un moyen très-simple de ne pas vous égarer dans vos recherches, c'est de vous tenir à distance de ceux dont la réputation est mauvaise ou suspecte: il faut les éviter avec d'autant plus de soin qu'ils se présentent souvent avec un caractère aimable et jovial, une langue dorée et un gousset bien garni et qui s'ouvre facilement.

Je vous ai dit, mes jeunes amis, et vous vous convaincrez bientôt vous-mêmes, que la société est un champ de bataille. Eh! bien, ce n'est pas avec des compagnons de cette espèce qu'il vous faut former le carré.

Adressez-vous à ceux que la notoriété publique désigne comme des hommes d'ordre et de devoir; choisissez parmi eux ceux dont les relations peuvent vous être plus sympathiques, et donnez pour base à votre affection l'estime, le dévouement et la confiance réciproques. Avec de tels amis, et Dieu aidant, Dieu dont le souvenir doit toujours être de tiers dans vos liaisons, vous pourrez traverser impunément tous les périls et rester chrétiens, honnêtes et patriotes envers et contre tous.

Voilà, mes enfants, les conseils que j'adresse spécialement aux grands: mais les plus jeunes, les plus petits peuvent aussi en tirer profit. Ils ne sont pas appelés, il est vrai, à prendre part immédiatement à la grande lutte comme leurs aînés: mais chaque année, chaque semaine, chaque jour les en rapproche et le devoir de tous est de s'y préparer, en étant attentifs aux leçons, soumis aux commandements et imitateurs fidèles des exemples donnés par vos maîtres Il faut par une longue habitude du travail, de l'obéissance, de la discipline, de la piété, du respect de vous-mêmes et d'affection filiale pour ceux qui vous élèvent, vous faire une sorte de tempérament moral solidement établi, et capable de résister aux influences souvent délétères au milieu desquelles vous vivrez plus-tard. Il faut vous accoutumer à cette pensée, qu'après être sortis de cette asile de Cîteaux, vous aurez, dans d'autres conditions d'existence, et dans la pleine liberté de vos déterminations et de vos actes, des devoirs plus nombreux et plus difficiles à remplir, des obligations plus étroites et plus lourdes à exécuter.

Préparez-vous donc avec ardeur; car, pour emprunter encore le langage de l'écrit que je citais en commençant: « C'est une question des plus graves qui s'élabore ici dans l'humble et silencieux travail de ces modestes établissements d'éducation populaire. »

Permettez-moi, mes jeunes amis, de finir par un trait qui vous frappera peut-être comme il m'a frappé moi-même.

Il y a quelques jours, je me trouvai en chemin de fer à côté d'un homme fort distingué, c'était un médecin. La conversation s'engage, nous touchons à beaucoup de sujets et nous abordons naturellement celui qui est en ce moment l'objet des préoccupations générales, à savoir, l'état inquiétant de notre société. Mon voisin était homme d'ordre et chrétien.

Savez-vous, me dit-il, que je n'ai pas toujours pensé comme aujourd'hui. Au début de ma carrière, séduit par de prétendues doctrines de progrès humanitaire, je fus révolutionnaire et impie. On m'avait appris, et j'avais fini par croire de bonne foi, que la révolution et l'impiété étaient la forme nécessaire du progrès, et que les chrétiens et ceux qu'on appelle communément les hommes d'ordre n'étaient que des gens arriérés, dont l'infériorité d'esprit était digne de pitié. Cependant, j'avais une mère chrétienne, restée veuve de bonne heure, qui nous avait élevés avec une affection et un dévouement qui en faisaient pour moi le type de la mère de famille. Je l'aimais profondément et je la vénérais comme si j'avais reconnu en elle une vertu surnaturelle.

Elle tomba malade, et au bout de quelques jours la mort fut imminente. Je ne quittais pas son chevet, sauf pendant les instants où le curé de sa paroisse venait lui apporter les consolations suprêmes de la religion. Non-seulement ma mère était chrétienne, mais elle était d'une piété angélique: toutes les fois qu'elle venait de s'entretenir avec l'homme de Dieu, je remarquais dans ses paroles une douceur infinie et pénétrante. Enfin l'agonie commença. J'étais seul, penché sur la mourante et épiant son dernier souffle. Tout-à-coup ses paupières s'ouvrent, son regard paraît perdu dans une vision céleste; elle joint les mains sur sa poitrine, et de ses lèvres déjà froides elle laisse échapper ces paroles: « Oh! mon Dieu! que c'est beau! » Et elle expire.

Ces paroles furent comme un coup de foudre qui pulvérisa tout l'édifice élevé par mon orgueil; je fus terrassé, et lorsque le lendemain je conduisis ma mère à sa dernière demeure... j'étais devenu chrétien.

Eh! bien, mes enfants, vous qui êtes ici en possession de la vérité, qui apprenez chaque jour à la mieux connaître et à l'aimer davantage, il faut que vous en emportiez le reflet avec vous, et qu'en vous voyant chrétiens fidèles, ouvriers laborieux, bons pères de famille, hommes d'ordre, aimant vos semblables et leur faisant du bien, vos adversaires comme vos amis puissent dire:

« Mon Dieu! que c'est beau!.. »

Cette parole est un cri de victoire: puissent les enfants de Cîteaux l'entendre souvent!

IMP. DE LA COLONIE DE CITEAUX.

www.ingramcontent.com/pod-product-compliance
Lightning Source LLC
LaVergne TN
LVHW021758210726
843510LV00016B/767